DE LA DURÉE

DE L'ACTION EN RESPONSABILITÉ

CONTRE

LES ARCHITECTES & ENTREPRENEURS

PAR

J. BANCELIN

DOCTEUR EN DROIT, AVOCAT A LA COUR DE PARIS.

Extrait de la Revue critique de Législation et de Jurisprudence.

PARIS

A. COTILLON ET Cᵉ, IMPRIMEURS-ÉDITEURS,

Libraires du Conseil d'État,

24, RUE SOUFFLOT, 24.

1880

DE LA DURÉE

DE L'ACTION EN RESPONSABILITÉ

CONTRE

LES ARCHITECTES & ENTREPRENEURS

PAR

J. BANCELIN

DOCTEUR EN DROIT, AVOCAT A LA COUR DE PARIS.

Extrait de la REVUE CRITIQUE DE LÉGISLATION ET DE JURISPRUDENCE.

PARIS

A. COTILLON ET Cⁱᵉ, IMPRIMEURS-ÉDITEURS,

Libraires du Conseil d'État,

24, RUE SOUFFLOT, 24.

1880

DE LA DURÉE

DE L'ACTION EN RESPONSABILITÉ

CONTRE

LES ARCHITECTES ET ENTREPRENEURS.

---

1. Les articles 1792 et 2270 du Code civil ont soulevé bien des controverses. L'une d'elle paraissait ne plus devoir donner lieu aux inconvénients pratiques, c'est-à-dire aux procès que suscite toute rédaction amphibologique. Nous voulons parler de la durée de l'action en responsabilité. Cette action dure-t-elle 10 ans, comme la responsabilité elle-même, à partir de la réception des travaux ? Ou dure-t-elle 10 ans, mais à partir seulement du jour de la découverte du vice de construction, survenu dans un premier délai de 10 années ? Ou bien enfin ne dure-t-elle pas 30 ans, à partir de cette découverte, comme toute action personnelle en garantie (art. 2257) ?

Si le débat continuait innocemment à l'Ecole et dans les livres, du moins était-il clos judiciairement par une jurisprudence constante de la Cour de Paris qui, appelée nombre de fois à trancher la question, n'a jamais hésité à déclarer non recevable l'action du propriétaire intentée après l'expiration des dix années qui ont suivi la réception des travaux.

2. Mais de nouveau le débat est repris dans le prétoire. Voici, en effet, les termes d'un arrêt tout récent de la Chambre civile de la Cour de cassation, qui condamne la jurisprudence de la Cour de Paris:

La Cour, au fond — « Vu les articles 1792 et 2270 — attendu « que ces articles en limitant à 10 ans la durée de la responsabi- « lité des entrepreneurs ou architectes pour les gros ouvrages

« qu'ils ont faits ou dirigés, ne se sont pas exprimés sur la durée
« de l'action à laquelle cette responsabilité donne naissance, au
« profit du propriétaire ; qu'aucune autre disposition de loi n'en
« a réglé la durée d'une manière spéciale ; — Attendu que la
« prescription ne pouvant atteindre cette action avant qu'elle
« soit née, ne peut commencer à courir contre elle qu'à la mani-
« festation du vice de construction ; — D'où il suit que l'arrêt
« attaqué, en se fondant pour rejeter comme prescrite l'action
« formée au principal par la dame de B... contre P... le... sur
« ce que la prescription avait commencé à courir contre cette ac-
« tion, du jour de la réception des travaux, a violé par fausse
« interprétation les textes de loi ci-dessus visés, Casse etc... »,
(5 août 1879, Sir. 79, I, 405).

3. De nombreux, de très considérables intérêts seront atteints,
si cette décision inaugure un changement de jurisprudence. L'arrêt du 5 août 1879 ne saurait donc être trop médité. Un nouvel
examen de la très pratique question tranchée par la Cour suprême
ne sera pas inopportun.

4. Dans quel sens faut-il donc entendre que les architectes et
entrepreneurs « *sont responsables pendant dix ans (1792)* » ou
que « *après dix ans ils sont déchargés de la garantie (2270)* » ?
Avant l'arrêt de la Cour de cassation, les camps étaient bien
distincts. D'un côté, la doctrine ralliée, presque universellement,
au système des 30 ans. En face, la jurisprudence de la Cour de
Paris qui ne cessait de s'affirmer par de nouveaux arrêts. Enfin
un troisième système, celui de la double prescription de dix ans,
avait été proposé par M. Duvergier.
Chaque système est bien connu. La Cour de Paris confondant
la garantie avec l'action en responsabilité, décide qu'après l'expiration des dix années qui ont suivi la réception des travaux,
tout est consommé, et l'entrepreneur bien et définitivement quitte
de toute responsabilité.
La doctrine, avec la puissante recrue qu'elle s'est faite, distin-
gue la garantie de l'action en responsabilité. Il faut, dit-elle, que
le vice apparaisse dans les dix années. Tel est le sens des arti-

cles 1792 et 2270. Mais ils ne parlent pas de la durée de l'action que fait naître la découverte du vice ; cette action peut donc être exercée pendant 30 ans, à partir de cette découverte, conformément aux art. 2257 et 2262.

Nous ne dirons qu'un mot, pour n'y plus revenir, du troisième système dont la paternité appartient à M. Duvergier. Non qu'il soit à dédaigner. Car on convient que c'est celui qui aurait le plus de chances de succès dans une révision du Code civil. Mais, s'il repose sur une ingénieuse combinaison des deux textes, il resterait à prouver que le législateur y eût songé avant M. Duvergier. Le savant jurisconsulte propose, en effet, de décider que l'art. 1792 fixe un premier délai de 10 ans pendant lequel la garantie peut devenir effective, et que l'art. 2270 établit un second délai de 10 ans, à partir de la découverte du vice, pendant lequel l'action pourra s'exercer. Or, la section III du titre de la prescription, ayant trait à la fois à une prescription acquisitive (2265-2269) et à une prescription libératoire (2270), énumère certains cas où le délai trentenaire est remplacé par un délai décennal. Rien ne prouve que dans l'art. 2270, le législateur ait voulu restreindre l'exception générale apportée par la section à la règle de l'art. 2262.

Reconnaissons cependant avec M. Duvergier qu'il faut bien trouver dans l'art. 2270 une disposition nouvelle, sans quoi il serait la répétition inutile de l'art. 1792. Mais est-ce qu'en dehors de son système, il serait impossible de réfuter l'objection !

Faisons nos réserves à cet égard et abordons sans retard les deux systèmes restés seuls en présence. Nous allons les mettre face à face, en groupant successivement les arguments fournis à l'appui de l'une ou l'autre thèse.

5. *Système de la Cour de Paris.* — A diverses époques, la question a été portée devant le tribunal civil de la Seine, en 1835, en 1852, en 1857, et tout récemment dans les circonstances qui ont provoqué l'arrêt de cassation du 5 août 1879. La réponse du tribunal n'a jamais varié.

En 1835, quand la question est soulevée pour la première fois, alors que les premiers commentateurs du Code civil ont à peine signalé la possibilité d'une controverse, le tribunal tranche d'un mot le débat « *La loi est formelle* », dit-il, et ce simple, mais si fort argument satisfait la Cour comme les premiers juges (Dalloz. J. G. *Louage d'industrie*, n° 155). Quoi de plus clair, en effet, quoi de plus net que nos deux articles ? Et quel lecteur, s'il n'a pas été dressé à cette école des subtilités où chaque ligne, chaque mot devient le thème d'une controverse, comprendra la loi différemment ? Tout est fini, bien fini après dix ans.

Mais la question se pose de nouveau en 1852. Des protestations avaient été dirigées contre la précédente décision. Peu importe ! La jurisprudence du tribunal loin de se démentir, s'affirme par une véritable argumentation. Par un jugement du 10 janvier 1852 (D. 53, 2, 133), le tribunal revient d'abord et insiste sur la clarté, sur la précision de la loi. Il s'appuie ensuite sur le langage des rédacteurs du Code, du rapporteur, M. Bigot Préameneu, disant : « *que le droit commun qui exige 10 ans pour celle prescription* « *a été maintenu.* » Enfin, recherchant le sens général de la loi, le tribunal constate qu'ici le législateur a été dirigé par une pensée favorable à l'entrepreneur qu'il a voulu soustraire à la garantie de droit commun qui dure 30 ans, et par une raison d'ordre public « *afin d'étouffer les causes des procès.* » La Cour confirma, comme précédemment par adoption de motifs, la sentence du tribunal.

En 1856, troisième jugement du tribunal civil de la Seine, différemment, mais peut-être plus juridiquement motivé. Le tribunal remarque que les art. 1792 et 2270 « constituent une « exception au principe que les conventions constituent la loi « irrévocable des parties, puisque la réception suppose de la part « du maître de l'édifice une approbation des travaux opérés, et « par suite, un accord de volontés », « en conséquence, est-il ajouté, « les exceptions doivent être strictement appliquées. » Puis le tribunal fait cette autre observation que « des minorités successives pourraient indéfiniment prolonger les délais, si l'action pouvait être exercée après dix ans. » Nouvelle confirmation, par adoption de motifs, de la jurisprudence du tribunal par arrêt de la Cour de Paris, du 20 juin 1867 (D. 58, 2, 89).

6. *Système de la doctrine.* — Qu'on nous permette d'appeler ainsi le système adopté par la majorité des auteurs, et qui consiste à distinguer la durée de la garantie de la durée de l'action en garantie. Professé par MM. Duranton (17-255), et Troplong (1007-1011), timidement combattu par M. Duvergier, (*Louage*, n° 355), repris par la plume nerveuse de Marcadé (sur l'art. 1792), ce système a, plus récemment, obtenu le haut patronage des éminents continuateurs de Zachariæ, MM. Aubry et Rau (4ᵉ éd., t. IV, p. 533). Tous paraissent d'abord frappés d'une conséquence, en apparence inique et bizarre du système de la Cour de Paris. Quoi, disent-ils, si le vice apparaît, un jour, une heure seulement, avant l'expiration des dix années de garantie, le propriétaire n'aura donc que ce jour, cette heure, pour former son action ! Un système n'est-il pas jugé, quand il aboutit à de tels résultats ! Alors, sous l'empire de cette première impression, les auteurs recherchent les arguments juridiques qui leur permettent de satisfaire à leur désir de fonder un système moins inique.

Voici la thèse. Les art. 1792 et 2270, dit-on, ne sont pas une législation nouvelle. La loi 8, *de operibus publicis*, au Code (VIII, 12), était ainsi conçue « *Omnes quibus vel cura mandata fuerit ope-* « *rum publicorum, vel pecunia ad exstructionem solito more* « *credita, usque ad annos quindecim ab opere perfecto cum suis* « *heredibus teneantur obnoxii; ita ut si quid vitii in ædificatione* « *intra præstitutum tempus pervenerit, de eorum patrimonio* « *(exceptis tamen his casibus qui sunt fortuiti) reformetur.* » Si cette loi n'a pas été traduite dans la rédaction des Coutumes, elle a continué cependant d'être en vigueur dans l'ancien droit. Les jurisconsultes de l'époque en témoignent. Lors de la rédaction du Code civil, M. Bigot Préameneu a bien déclaré « que le droit commun était maintenu. » De sorte que le Code civil ayant consacré l'ancienne législation, si le commentaire du texte originaire est certain, les art. 1792 et 2270 seront du même coup expliqués. Or, point de doute sur la loi 8, au Code, *de op. publ.* Cette loi ne dit pas un mot du délai dans lequel il fallait demander la réparation du dommage survenu dans l'intervalle des 15 années. Et que l'on remarque avec quelle exactitude cette loi a été copiée par le Code civil. Nos articles parlent bien de responsabilité ou de garantie, mais nullement d'action. C'est donc dans la théorie générale des actions qu'il faut chercher une solution.

Il ne s'agit plus alors que de faire à la matière l'application des règles générales posées dans les articles 2257 et 2262. L'action dure 30 ans et, puisque c'est une action en garantie, la prescription ne commence à courir que du jour « de l'éviction » c'est-à-dire de la constatation du vice.

Ce système présenterait donc tous les avantages, s'appuyant sur l'ancien droit dont le droit actuel n'est que la confirmation, résultant d'ailleurs de la simple lecture des textes, respectant les règles générales du droit notamment dans la maxime *actioni non natæ non præscribitur*, d'accord enfin avec l'équité puisque le maître, à quelque époque des dix ans que le vice se manifeste, aura un temps suffisant pour en poursuivre la réparation.

Voilà, fidèlement reproduite, l'argumentation qui vient de recevoir la consécration d'un arrêt de la Cour suprême. Quoique nous lui ayons donné le nom de système de la doctrine, quelques auteurs ont cependant adopté le système de la Cour de Paris. Citons M. Mourlon (*Cours de droit civil*, 3ᵉ vol., p. 327) qui a cru reconnaître dans ce dernier système, l'ancienne jurisprudence, et M. Rendu (*Dict. des constructions*, 1878, n° 1770), qui met en avant cette considération « que la pensée du législateur semble avoir été surtout « de ne pas laisser le constructeur en butte à une action en res- « ponsabilité fondée sur des faits de date ancienne, et dont la véri- « fication ne peut plus être utilement faite. »

7. Pour faire un choix entre les deux systèmes, il nous paraît nécessaire d'être bien assuré d'un premier point. A quelle pensée a répondu ce besoin du législateur ancien et moderne de fixer un certain délai, passé lequel les architectes et entrepreneurs seraient dégagés de toute responsabilité? A défaut de cette fixation, quelle eût été leur situation? Meilleure ou pire? C'est un point duquel dépend peut-être la solution de la question et sur lequel les esprits ne paraissent pas avoir été suffisamment édifiés. Ainsi le Tribunal de la Seine dans son second jugement dit « que la prescription de « dix ans a été introduite en faveur des entrepreneurs qui, si elle « n'existait pas, se trouveraient soumis au droit commun, c'est- « à-dire exposés à garantir leurs ouvrages pendant trente ans. »

C'est le même Tribunal qui, dans son troisième jugement, déclare, au contraire « que ces articles constituent une exception au prin- « cipe que les conventions constituent la loi irrévocable des parties, « puisque la réception suppose, de la part du maître de l'édifice, « une approbation des travaux opérés et, par suite, un accord de « volontés. » M. Troplong, qui est d'ailleurs le seul auteur dont ce point paraisse avoir éveillé sérieusement l'attention, décide qu'à moins d'une loi formelle, la garantie est due perpétuellement, et trouve ainsi, dans nos articles, une disposition favorable pour les architectes et entrepreneurs.

8. Essayons de nous prononcer à notre tour. Une chose nous étonne tout d'abord : c'est l'effort que l'on fait pour appliquer absolument les principes de la garantie en matière de vente à l'œuvre des architectes et entrepreneurs, c'est-à-dire à un louage de services ou plutôt à un mandat salarié. Pourquoi cette extension? Est-ce que chaque contrat n'a pas sa législation spéciale? Et quelle analogie trouve-t-on entre les deux garanties? Oui, le vendeur est tenu des vices cachés (art. 1643). Et il ne faudrait pas hésiter assurément à soumettre à cette garantie l'entrepreneur qui, par spéculation, achète un terrain et y construit une maison pour la vendre dès qu'elle est bâtie. Mais pourquoi donc l'article 1643 s'appliquerait-il aussi au louage de services, au mandat salarié, à des travaux élevés sous les yeux mêmes du propriétaire lequel a pu, à tout moment, exercer son contrôle, lequel enfin n'a réglé les mémoires de son entrepreneur qu'après une réception qu'il n'a dépendu que de lui de faire sérieuse et sévère?

La réception des travaux est, en effet, une véritable convention par laquelle le propriétaire accepte le travail dont il avait chargé l'entrepreneur. C'est un acte synallagmatique qui met fin aux obligations de ce dernier, de même que le paiement du travail par le propriétaire mettra fin aux obligations de celui-ci. Et les parties contractantes, en dehors des cas de mauvaise foi, auxquels resterait applicable la règle : *fraus omnia corrumpit*, deviendraient désormais étrangères l'une à l'autre, si les articles 1792 et 2270 n'existaient pas (comp. Laurent, t. XXVI, n° 53).

Prenons des espèces. Il y a faute professionnelle si un mur a été construit en violation des règles de l'art. Il y a faute contractuelle si ce mur n'a pas l'épaisseur exigée par le cahier des charges. Que la faute soit professionnelle ou contractuelle, le propriétaire, en recevant les travaux, a signé un nouveau contrat par lequel il accepte l'ouvrage et donne quittus à l'entrepreneur. L'action « *conducti* » est donc éteinte. S'il se plaignait plus tard, en invoquant l'action des articles 1382 et 1383, l'entrepreneur répondrait que, par le dernier contrat, le propriétaire a désormais pris à sa charge les risques de la construction, et ratifié définitivement la dérogation au cahier des charges. Si les entrepreneurs ne sont pas fondés à faire cette réponse, véritable exception, « *ex contractu* », c'est parce que les propriétaires trouveraient une réplique victorieuse dans l'action spéciale qu'ils tiennent de la loi, c'est-à-dire dans nos articles 1792 et 2270.

Il est d'ailleurs évident que nous ne parlons pas des supercheries, par exemple des cas où les surfaces d'un mur seraient seules en pierre, et l'intérieur en toute autre matière. La règle : *fraus omnia corrumpit* eût toujours été à la disposition du propriétaire pour revenir sur la réception des travaux, lors même que les articles 1792 et 2270 n'eussent pas existé.

9. Maintenant le caractère de nos articles se dessine. Les articles 1792 et 2270 sont, à n'en pas douter, une loi d'exception, introduite, non en faveur des entrepreneurs pour restreindre à 10 ans la durée de leur responsabilité, mais, au contraire, en faveur des propriétaires qui, sans le secours de nos articles, se trouveraient par la réception des travaux, dans l'impuissance d'exercer dans l'avenir, le cas échéant, l'action « *conducti* ».

10. Les corollaires sont faciles à déduire. Nos deux articles forment une législation spéciale, en dehors des principes généraux. Ils doivent donc suffire par eux-mêmes à l'interprétation, sans avoir besoin d'être complétés ou plutôt dénaturés par d'autres dispositions.

Il n'est plus alors possible de dire que le législateur s'étant seulement expliqué sur la durée de la responsabilité, le principe de l'article 2257 s'applique à la durée de l'action. Car l'action accordée au propriétaire n'apparaît plus comme une action en garantie ordinaire, mais comme une action en responsabilité *sui generis*, sur la naissance, l'exercice et la prescription de laquelle les articles 1792 et 2270 sont complets.

La naissance de l'action? Elle est régie par l'article 1792.

L'exercice de l'action? Il est réglé par l'article 2270. Qu'on suppose l'article 1792 seul, alors il serait rationnel de dire que, le Code ne s'étant pas expliqué sur la durée de l'action, les règles générales en matière de prescription restent applicables. C'est pour donner tort à cette théorie qu'après avoir fait l'article 1792, le législateur a fait encore l'article 2270. Soit, l'article 1792 ne s'occupait pas de la durée de l'action, mais seulement des conditions de la naissance de l'action! Eh bien l'article 2270 est venu précisément s'en occuper. La preuve en est dans la place même de l'article au Titre de la Prescription. Le législateur après avoir traité des actions qui durent 30 ans, parle de la prescription de 10 ans. A quoi donc cette prescription s'applique-t-elle, si ce n'est à des actions?

Et qu'on remarque combien l'article 2270 était nécessaire. Il était inutile de revenir, au Titre de la Prescription, sur d'autres actions qui durent aussi 10 ans. Rien de plus net, en effet, que es articles 475 et 1304. Mais la rédaction de l'article 1792 était toute différente. Elle est complétée par l'article 2270.

Voilà qui donne satisfaction aux préoccupations de M. Duvergier sur la nécessité d'expliquer le dualisme de nos articles! Voilà qui fait saisir un des vices du système de la doctrine qui ne craint pas d'avouer que les deux dispositions sont la répétition l'une de l'autre! Voilà surtout le principal argument du système de la doctrine qui s'écroule, celui que la Cour de cassation s'est approprié en disant que les articles 1792 et 2270 « ne se sont pas exprimés sur la durée de l'action à laquelle cette responsabilité donne naissance au profit du propriétaire. »

Que devient aussi le second argument, à savoir que l'on ne peut prescrire *actioni non natæ* ? Si l'action dont il est ici question est une action *sui generis*, exorbitante du droit commun, n'est-il pas naturel que l'art. 2270 la soumette à une prescription particulière ? Nous nous sommes élevé plus haut contre la préten-

tion de transporter d'un contrat à un autre les règles édictées sur
la garantie en matière de vente. Eh bien ! concédons cette extension et voyons quels sont les principes généraux de cette garantie. Aux termes de l'art. 1648, les actions pour vices rédhibi-
toires doivent être intentées dans un bref délai. La loi du 28 mai
1838 faisant une application de la règle, a donné des délais de 9
ou 30 jours, courant non de la découverte du vice, mais du jour
de la livraison. *Quid* donc si la découverte du vice est postérieure
à l'expiration du délai ? Alors la maxime que l'on ne peut prescrire *actioni non natæ* est bien mise en souffrance. L'argument
tiré de cette maxime est donc sans valeur puisqu'en matière de
garantie le législateur ne l'a pas toujours respectée. Or quels sont
les cas où la loi y fait échec ? Ceux évidemment où, au lieu de
s'en référer à l'art. 2257, elle a statué expressément. L'art. 2270
concerne l'un de ces cas !

Que devient enfin cette considération secondaire que le propriétaire, si l'on n'accorde pas à l'action une durée de 30 ans,
n'aura peut-être qu'un jour, qu'une heure pour l'exercer ? Il vient
d'être démontré que, certaines actions en garantie peuvent être
prescrites, avant même d'être nées. Ici, le législateur pouvait, et
son silence aurait suffi à cet égard, refuser l'action au propriétaire. Il a cru devoir la lui octroyer. Il pouvait bien alors en li-
miter, à son gré, l'exercice.

11. On comprend maintenant la confusion faite par la Cour de
Paris entre la garantie et l'action qui en découle. Cette confusion
a bien été voulue par le législateur. C'est en vain qu'on la criti-
querait comme contraire aux principes, comme une dérogation aux
règles générales sur la durée des actions, sur le point de départ
de la prescription, comme inique parfois. Toutes ces objections
ont disparu. Et quant au principe du système, quant à la confusion
de la garantie et de l'action, eh bien ! c'est précisément la disposition spéciale, extraordinaire, si l'on veut, mais complète par
elle-même comme toute disposition exceptionnelle, que le législateur a voulu consacrer !

12. Mais on se rappelle la phrase de Bigot-Préameneu dans

la séance du 17 ventôse an XII où il a présenté l'exposé des motifs de la loi relative à la prescription : « le droit commun qui exige
dix ans pour cette prescription a été maintenu ». C'est déjà beau-
coup que d'avoir pu, en allant au fond des choses, en scrutant
nos deux articles, en dégager l'idée dominante qui condamne le
système de la doctrine et justifie la Cour de Paris. Mais encore
faut-il s'assurer qu'on se conforme bien à « ce droit commun »
que M. Bigot Préameneu a voulu maintenir ! Cette recherche est
d'autant plus nécessaire que M. Bigot-Préameneu n'a pas exprimé
une opinion isolée. Tel était bien le vœu des rédacteurs du Code
civil de maintenir le droit commun, et par droit commun il faut
entendre la législation en vigueur. Ainsi lors de la discussion du
titre du louage au conseil d'État, sur l'art. 115 du projet qui est
devenu l'art. 1792, M. Regnault ayant observé « que Pothier dé-
charge l'architecte de la responsabilité aussitôt que l'ouvrage a
été reçu », M. Réal releva le mot, en disant que « Pothier suppose
bien que l'architecte répondra de sa construction pendant dix
ans. » Sur cette affirmation, l'article fut voté.

Quelle était donc l'ancienne jurisprudence ? Combien n'y aura-
t-il pas lieu de s'étonner de l'ombre où ce côté de la question paraît avoir été relégué, si ce nouvel examen éclaire la discussion
d'une façon tellement lumineuse que celle-ci en soit immédiate-
ment close ?

13. Déjà le Répertoire de Merlin (V° *Bâtiments*, VI), après avoir
énoncé notre prescription, ajoute « quant aux autres ouvriers
(qu'architectes et entrepreneurs) qui contribuent à la construction
des bâtiments, ils ne sont garants de leurs ouvrages que pendant
un an, à compter du jour que leurs ouvrages ont été achevés ; et
cette garantie ne s'étend qu'à la façon et à la qualité des matières
employées, et non à ce qui peut s'user ou se rompre par vio-
lence. » Cette prescription d'un an atteignait très certainement la
garantie et l'action ; pas de doute à cet égard, puisqu'elle a passé
sinon dans le Code civil, du moins dans les usages actuels. Il serait
singulier que M. Merlin n'eût pas signalé cette différence entre les
deux prescriptions dont il parlait, si la différence eût existé.

14. Remontons quelques années. Le *Nouveau Denisart* (publié

après le Code civil), parle indifféremment de la garantie ou de l'action en garantie. Voici le passage (V° *Bâtiments,* § 7) : « Parmi « nous, la durée de *la garantie* n'est que de dix ans. Voyez « Desgodets sur l'article 114 de la coutume de Paris, et sur l'ar- « ticle 189, ainsi que Goupi dans ses notes sur cet endroit de « Desgodets. Goupi pense que, dans le cas où le feu prendrait à « une maison, parce que les maçons auraient construit une che- « minée sur du bois, ou par quelque autre cause semblable, « *l'action en garantie* durerait trente ans. » Disons que le Re- cueil fait peut-être dire aux deux architectes, *experts bourgeois* (tel était le titre des experts accrédités près le Parlement) plus qu'ils n'ont voulu dire ; l'interprétation du *Denisart* n'en subsiste pas moins comme l'expression de la doctrine de l'époque.

15. Mais interrogeons les jurisconsultes dont l'autorité fut si grande dans le droit coutumier. C'est naturellement à Pothier, à l'homme dont le nom est sans cesse mêlé à la préparation du Code civil, que nous allons d'abord poser la question. Nous avons déjà rappelé qu'au Conseil d'Etat, on était convaincu que la pres- cription de dix ans proposée consacrerait une doctrine professée par le célèbre auteur du *Traité des obligations.* Mais, nulle part, Pothier préoccupé surtout de l'étendue, et non de la durée de la responsabilité n'examine la question. Et c'est, sans doute, parce qu'il a laissé dans l'ombre le point sur lequel nous voulons faire faire la lumière, que l'examen de l'ancien droit a été ici fort négligé.

16. Et cependant Pothier n'a peut-être omis de s'expliquer que parce que ses devanciers, les commentateurs de la coutume de Paris, les Ferrière, les Brodeau, avaient déjà rendu, par la netteté de leur doctrine, toute nouvelle redite inutile.

Ecoutez Ferrière (*De la prescription,* § 2, n° 30) : « Les massons « sont tenus pendant dix ans de la garantie des gros ouvrages et « murs et pendant trois ans de menûes dont les vices et défauts « sont sensibles. Mais pour les ouvrages publics, ils en sont tenus « pendant quinze ans, suivant la loi 8, C. *de op. publ.* »

Ainsi, d'après Ferrière, trois prescriptions suivant les cas, l'une de dix, une autre de trois, la dernière de quinze ans. Aucun doute n'est possible sur celle de trois ans. Il est évident qu'une action de trente ans n'a jamais été accordée pour ces « *menûes* », c'est-à-dire pour ces légers défauts de construction que l'homme le plus habile ne saurait éviter, d'ailleurs faciles à reconnaître et qui ne préjudicient pas à la solidité de l'œuvre.

Mais c'est par une seule et même phrase que Ferrière énumère ses trois prescriptions. N'est-ce pas que les règles en sont les mêmes, à l'exception de la durée propre à chacune d'elles?

17. Passons à Brodeau (sur l'art. 127 de la *Coutume de Paris*) : « Comme l'action des massons, charpentiers et autres ouvriers se « prescript par un an, à compter du jour du bâtiment et ou- « vrage parachevé, aussi *l'action* que le bourgeois a contre eux « pour les vices et malfaçons tombe dans la *prescription*, elle est « de quinze ans pour les gros murs par la disposition de droit en « la loy 8, C. *de op. publ.* La pratique du Châtelet est de dix « ans pour les murs et gros ouvrages, et de trois ans pour les « menûes et autres réparations dont les vices et défauts sont visi- « bles après lequel temps l'on n'est plus *recevable*, et il n'y a « plus de *recours* ni de *garantie*, parce qu'il se peut faire que « la ruine arrive plutôt par la vieillesse et caducité du vieil bâti- « ment, que par la faute de celui qui y a travaillé. »

Cette fois, voilà bien les points sur les i. Il n'y a plus moyen de dire que le jurisconsulte a traité de la responsabilité et non de l'action en responsabilité. C'est bien de la prescription de l'action qu'il est question, et l'auteur nous apprend que la prescription court du jour de l'achèvement des travaux, « après lequel temps, a-t-il encore le soin d'ajouter, on n'est plus *recevable*. » Voilà un langage d'une telle précision qu'il semble même que Brodeau ait prévu et se soit appliqué à lever tous les doutes des futurs commentateurs.

18. Peut-on hésiter maintenant sur ce droit commun que M. Bigot-Préamencu a déclaré maintenir? Etait-ce exagérer que de prévoir la clarté, la précision de la réponse que nous ferait l'ancien droit? La réponse est faite, complètement faite. Et le

système de la Cour de Paris, déjà défendu par les textes eux-
mêmes, par l'esprit général de la matière, est bien le « droit
commun » qu'ont maintenu les rédacteurs du Code civil.

La Cour de cassation reviendra-t-elle sur sa dernière décision?
Ce faisant, elle éviterait d'ailleurs de consacrer une nouvelle jurisprudence dont les conséquences apparaissent déjà comme une
menace pour une des branches les plus importantes de l'activité
nationale.

Paris. — Impr. F. Pichon. — A. Cotillon et Cie, 37, rue des Feuillantines,
et 24, rue Soufflot.